Yo puedo hacer... con Dios

Escrito e ilustrado por
Debby Anderson

PORTAVOZ

Estimados lectores adultos:

Dios quiere tener una relación personal cada vez mayor con nosotros. Al leer este libro y los textos bíblicos (las referencias dadas), ora para que tú y tus seres queridos puedan desarrollar el hábito de mantener una conversación constante con nuestro Salvador y vivir cada momento con el pleno conocimiento de la presencia del Señor en nuestra vida.

Con devoción,
Debby Anderson

Con agradecimiento y reconocimiento al Dr. Elton Stetson, Ed.D., Profesor de Educación de Texas A&M-Commerce.

Título del original: *I Can Talk with God* © 2003 por Debbie Anderson y publicado por Crossway Books, una división de Good News Publishers, 1300 Crescent Street, Wheaton, Illinois 60187. Traducido con permiso.

Edición en castellano: *Yo puedo hablar con Dios* © 2010 por Editorial Portavoz, filial de Kregel Publications, Grand Rapids, Michigan 49501. Todos los derechos reservados.

Traducción: Rosa Pugliese

Ninguna parte de esta publicación podrá reproducirse de cualquier forma sin permiso escrito previo de los editores, con la excepción de citas breves en revistas o reseñas.

A menos que se indique lo contrario, todas las citas bíblicas han sido tomadas de la versión Reina-Valera 1960, © Sociedades Bíblicas Unidas. Todos los derechos reservados.

EDITORIAL PORTAVOZ
P.O. Box 2607
Grand Rapids, Michigan 49501 USA
Visítenos en: www.portavoz.com

ISBN 978-0-8254-1219-6

1 2 3 4 5 / 14 13 12 11 10

Impreso en Colombia
Printed in Colombia

A las familias de las iglesias en Eastgate, Emmanuel y Mesquite, que han orado por nuestra familia a lo largo de nuestros veintitrés años como misioneros.

Y por todos mis lectores, oro para que sus raíces se arraiguen y fundamenten en el maravilloso amor de Dios.

Efesios 3:17

...a las abejas para zumbar...

...a los tigres para rugir...

...¡y a las personas para hablar!

En especial, creó a las personas para hablar... ¡para que pudieran hablar con Él!

Orar significa hablar con Dios. Muchas veces oramos hablando con Dios junto a nuestra cama, en la iglesia o antes de comer.

1 Tesalonicenses 5:17

¡Pero Dios quiere que hablemos con Él en todas partes!

¡Podemos hablar con Dios en un campo de calabazas! ¡Podemos hablar con Dios cuando estamos quietos o cuando nos movemos muy rápido! "¡Gracias, Dios, por las calabazas, las manzanas y las hojas secas!"

1 Tesalonicenses 5:18

Yo puedo hablar con Dios en el patio de la escuela ¡con los ojos abiertos o cerrados! ¡Puedo hablar con Dios de las cosas malas que hago, porque Él promete perdonarme! "Dios, te pido perdón por tratar mal a mis amigos. Te pido que, por favor, me ayudes a ser bueno".

1 Juan 1:9

Puedo hablar con Dios en la estación de bomberos. Cada vez que oigo una sirena, oro: "Querido Dios, te pido que, por favor, protejas a los bomberos y policías". Incluso el semáforo me recuerda que Dios responde nuestras oraciones. A veces, responde "Sí", como una luz

verde para marchar. A veces responde "No", como una luz roja para detenerme. Pero muy a menudo responde "Espera", como una luz amarilla para ir más despacio. Por ello, cuando le pides algo a Dios, Él podría decir: "Sí", "No" o "Espera".

Salmo 27:14

A Dios le gusta que hablemos con Él. Él quiere ser nuestro mejor amigo. Y también quiere ser nuestro Salvador. La oración más importante que podemos hacer es pedirle a Jesús que nos salve de todos nuestros pecados y maldades. ¿Ya lo hiciste? Si no, tal vez éste sea el momento. Ésta es una oración que te puede ayudar a saber qué decir:

Amado Señor Jesús:

Gracias por morir en la cruz por mis pecados. Gracias por resucitar. Te pido que, por favor, me perdones y seas para siempre mi Salvador, mi Ayudador y mi Amigo. Amén.

Hechos 16:31

¡**D**ios también puede hablar con nosotros! Una de las maneras más importantes en que Él nos habla es a través de su libro, la Biblia. Es por ello que la leemos todos los días. "¡Dios, me gusta leer la Biblia cuando estoy en mi casita arriba del árbol!".

Salmo 119:105

¡Hay un montón de cosas por las que orar, y Dios promete escuchar cada una de nuestras palabras y ayudarnos siempre!

Efesios 6:18; Salmo 4:3

Dios también quiere que oremos por nuestros problemas y por nuestras preocupaciones, aventuras y sorpresas como…

…encontrar un caracol de mar…

…perder un partido…

…ganar una carrera…

…hacer las tareas de la casa…

…estudiar para un examen…

Salmo 46:1; 1 Pedro 5:7

Dios es maravilloso, y todo lo que Él hace es maravilloso. Dios quiere que se lo digamos… en voz alta o en silencio en nuestro pensamiento.

¡Hasta se lo podemos decir en el zoológico! "¡Jesús, realmente me gustan los animales que tú creaste… especialmente las jirafas!"

Salmo 126:3

Tal vez, algún día hable con Dios mientras le haga mimos a un osito panda en China… o a un koala en Australia.

Tal vez, algún día hable con Dios mientras esté de pesca en Nigeria…

...o en una excursión en Méjico.

Tal vez, algún día hable con Dios mientras juegue con los pingüinos en el hielo...

...o coma pepinillos en París.

Tal vez, algún día hable con Dios mientras camine sobre la luna.

¡Pero en este momento puedo hablar con Dios aquí mismo! "¡Gracias, Dios, porque puedo hablar contigo en cualquier lugar!"

"No se inquieten por nada; más bien, en toda ocasión, con oración y ruego, presenten sus peticiones a Dios y denle gracias".

Filipenses 4:6 NVI